Guest 40 Special Message

_____

_____

_____

_____

_____

_____

_____

_____

_____

_____

Guest Special Message

_____

_____

_____

_____

_____

_____

_____

_____

_____

_____

Photos

Name _____

40

&

Fabulous

On _____

Place _____

Photos

Guest   *40*   Special   Message

_____

_____

_____

_____

_____

_____

Guest   Special   Message

_____

_____

_____

_____

_____

_____

Photos

Guest   40   Special   Message

_____

_____

_____

_____

_____

_____

Guest   Special   Message

_____

_____

_____

_____

_____

Photos

Guest 40 Special Message

_____
_____
_____
_____
_____
_____

Guest

Special Message

_____
_____
_____
_____
_____

Photos

Guest   40   Special   Message

_____   _____

_____   _____

_____   _____

_____   _____

_____   _____

_____   _____

Guest   Special   Message

_____   _____

_____   _____

_____   _____

_____   _____

_____   _____

_____   _____

Photos

Guest   40   Special   Message

_____   _____

_____   _____

_____   _____

_____   _____

_____   _____

_____   _____

Guest   Special   Message

_____   _____

_____   _____

_____   _____

_____   _____

_____   _____

_____   _____

Photos

Guest   *40*   Special   Message

_____   _____

_____   _____

_____   _____

_____   _____

_____   _____

_____   _____

Guest   Special   Message

_____   _____

_____   _____

_____   _____

_____   _____

_____   _____

_____   _____

Photos

40

Guest

Special Message

_____

_____

_____

_____

_____

_____

Guest

Special Message

_____

_____

_____

_____

_____

_____

Photos

Guest   *40*   Special   Message

_____

_____

_____

_____

_____

_____

Guest   Special   Message

_____

_____

_____

_____

_____

_____

Photos

Guest 40 **_Special Message_**

_____

_____

_____

_____

_____

_____

_____

_____

_____

_____

_____

_____

Guest **_Special Message_**

_____

_____

_____

_____

_____

_____

_____

_____

_____

_____

Photos

Guest   40   Special Message

_____   _____

_____   _____

_____   _____

_____   _____

_____   _____

_____   _____

_____   _____

Guest   Special Message

_____   _____

_____   _____

_____   _____

_____   _____

_____   _____

_____   _____

_____   _____

Photos

Guest   40   Special   Message

_____   _____

_____   _____

_____   _____

_____   _____

_____   _____

_____   _____

_____   _____

Guest   Special   Message

_____   _____

_____   _____

_____   _____

_____   _____

_____   _____

_____   _____

Photos

Guest   40   Special   Message

_____

_____

_____

_____

_____

Guest

Special   Message

_____

_____

_____

_____

_____

Photos

Guest $\qquad$ 40 $\qquad$ Special Message

_____

_____

_____

_____

_____

_____

Guest $\qquad$ Special Message

_____

_____

_____

_____

_____

_____

Photos

Guest   40   Special   Message

_____   _____

_____   _____

_____   _____

_____   _____

_____   _____

_____   _____

Guest   Special   Message

_____   _____

_____   _____

_____   _____

_____   _____

_____   _____

_____   _____

Photos

Guest   *40*   Special   Message

_____   _____

_____   _____

_____   _____

_____   _____

_____   _____

_____   _____

Guest   Special   Message

_____   _____

_____   _____

_____   _____

_____   _____

_____   _____

_____   _____

Photos

Guest   *40*   Special   Message

_____

_____

_____

_____

_____

_____

Guest   Special   Message

_____

_____

_____

_____

_____

_____

Photos

Guest   40   Special   Message

_____   _____

_____   _____

_____   _____

_____   _____

_____   _____

_____   _____

Guest   Special   Message

_____   _____

_____   _____

_____   _____

_____   _____

_____   _____

_____   _____

Photos

Guest   40   Special   Message

_____   _____

_____   _____

_____   _____

_____   _____

_____   _____

_____   _____

Guest   Special   Message

_____   _____

_____   _____

_____   _____

_____   _____

_____   _____

_____   _____

Photos

Guest   40   Special   Message

_____   _____

_____   _____

_____   _____

_____   _____

_____   _____

_____   _____

Guest   Special   Message

_____   _____

_____   _____

_____   _____

_____   _____

_____   _____

_____   _____

Photos

Guest   40   Special   Message

_____   _____
_____   _____
_____   _____
_____   _____
_____   _____
_____   _____

Guest   Special   Message

_____   _____
_____   _____
_____   _____
_____   _____
_____   _____
_____   _____

Photos

Guest   *40*   Special   Message

_____
_____
_____
_____
_____
_____

_____
_____
_____
_____
_____
_____

Guest   Special   Message

_____
_____
_____
_____
_____
_____

_____
_____
_____
_____
_____
_____

Photos

Guest 40 Special   Message

_____   _____

_____   _____

_____   _____

_____   _____

_____   _____

_____   _____

Guest   Special   Message

_____   _____

_____   _____

_____   _____

_____   _____

_____   _____

_____   _____

Photos

Guest   40   Special   Message

_____
_____
_____
_____
_____
_____

Guest   Special   Message

_____
_____
_____
_____
_____
_____

Photos

Guest   40   Special Message

_____
_____
_____
_____
_____
_____
_____

_____
_____
_____
_____
_____
_____
_____

Guest   Special Message

_____
_____
_____
_____
_____
_____
_____

_____
_____
_____
_____
_____
_____
_____

Photos

Guest   40   Special   Message

_____

_____

_____

_____

_____

_____

Guest   Special   Message

_____

_____

_____

_____

_____

_____

Photos

Guest   40   Special   Message

_____
_____
_____
_____
_____
_____

_____
_____
_____
_____
_____
_____

Guest

_____
_____
_____
_____
_____
_____

Special   Message

_____
_____
_____
_____
_____
_____

Photos

Guest   *40*   Special   Message

_____   _____

_____   _____

_____   _____

_____   _____

_____   _____

_____   _____

Guest   Special   Message

_____   _____

_____   _____

_____   _____

_____   _____

_____   _____

_____   _____

Photos

Guest $\quad 40 \quad$ Special Message

_____   _____

_____   _____

_____   _____

_____   _____

_____   _____

_____   _____

Guest   Special Message

_____   _____

_____   _____

_____   _____

_____   _____

_____   _____

_____   _____

Photos

Guest   40   Special   Message

_____   _____

_____   _____

_____   _____

_____   _____

_____   _____

_____   _____

Guest   Special   Message

_____   _____

_____   _____

_____   _____

_____   _____

_____   _____

_____   _____

Photos

Guest   *40*   Special   Message

_____   _____

_____   _____

_____   _____

_____   _____

_____   _____

_____   _____

Guest   Special   Message

_____   _____

_____   _____

_____   _____

_____   _____

_____   _____

_____   _____

Photos

Guest **40** Special Message

_____

_____

_____

_____

_____

_____

Guest Special Message

_____

_____

_____

_____

_____

Photos

Guest   40   Special Message

_____   _____

_____   _____

_____   _____

_____   _____

_____   _____

_____   _____

Guest   Special Message

_____   _____

_____   _____

_____   _____

_____   _____

_____   _____

_____   _____

Photos

Guest   40   Special   Message

_____   _____

_____   _____

_____   _____

_____   _____

_____   _____

_____   _____

Guest   Special   Message

_____   _____

_____   _____

_____   _____

_____   _____

_____   _____

_____   _____

Photos

Guest   40   Special   Message

_____   _____

_____   _____

_____   _____

_____   _____

_____   _____

_____   _____

_____   _____

Guest   Special   Message

_____   _____

_____   _____

_____   _____

_____   _____

_____   _____

_____   _____

Photos

Guest   40   Special Message

_____   _____

_____   _____

_____   _____

_____   _____

_____   _____

_____   _____

Guest   Special Message

_____   _____

_____   _____

_____   _____

_____   _____

_____   _____

Photos

Guest   40   Special   Message

_____   _____

_____   _____

_____   _____

_____   _____

_____   _____

_____   _____

Guest   Special   Message

_____   _____

_____   _____

_____   _____

_____   _____

_____   _____

_____   _____

Photos

Guest　　　　40　　　Special　Message

_____　　_____

_____　　_____

_____　　_____

_____　　_____

_____　　_____

_____　　_____

Guest　　　　　　　　Special　Message

_____　　_____

_____　　_____

_____　　_____

_____　　_____

_____　　_____

_____　　_____

Photos

Guest   40   Special   Message

_____   _____

_____   _____

_____   _____

_____   _____

_____   _____

Guest   Special   Message

_____   _____

_____   _____

_____   _____

_____   _____

_____   _____

Photos

Guest   *40*   Special Message

_____   _____

_____   _____

_____   _____

_____   _____

_____   _____

_____   _____

Guest   Special Message

_____   _____

_____   _____

_____   _____

_____   _____

_____   _____

Photos

Guest   40   Special Message

_____   _____

_____   _____

_____   _____

_____   _____

_____   _____

_____   _____

Guest   Special Message

_____   _____

_____   _____

_____   _____

_____   _____

_____   _____

_____   _____

Photos

Guest

40

Special Message

_____

_____

_____

_____

_____

_____

_____

_____

_____

_____

_____

_____

Guest

Special Message

_____

_____

_____

_____

_____

_____

_____

_____

_____

_____

Photos

Guest   40   Special Message

_____

_____

_____

_____

_____

_____

Guest

Special Message

_____

_____

_____

_____

_____

_____

Photos

Guest　　　40　　　Special　Message

_____　　_____

_____　　_____

_____　　_____

_____　　_____

_____　　_____

_____　　_____

Guest　　　　　　　Special　Message

_____　　_____

_____　　_____

_____　　_____

_____　　_____

_____　　_____

_____　　_____

Photos

Guest   *40*   Special   Message

_____   _____

_____   _____

_____   _____

_____   _____

_____   _____

_____   _____

Guest   Special   Message

_____   _____

_____   _____

_____   _____

_____   _____

_____   _____

_____   _____

Photos

Guest $\quad$ 40 $\quad$ Special $\quad$ Message

_____ $\qquad$ _____

_____ $\qquad$ _____

_____ $\qquad$ _____

_____ $\qquad$ _____

_____ $\qquad$ _____

_____ $\qquad$ _____

Guest $\qquad\qquad$ Special $\quad$ Message

_____ $\qquad$ _____

_____ $\qquad$ _____

_____ $\qquad$ _____

_____ $\qquad$ _____

_____ $\qquad$ _____

_____ $\qquad$ _____

Photos

Guest　　　　　40　　　Special　Message

_____　　　_____
_____　　　_____
_____　　　_____
_____　　　_____
_____　　　_____
_____　　　_____

Guest　　　　　　　　　Special　Message

_____　　　_____
_____　　　_____
_____　　　_____
_____　　　_____
_____　　　_____
_____　　　_____

Photos

Guest 40 Special Message

_____   _____
_____   _____
_____   _____
_____   _____
_____   _____
_____   _____

Guest Special Message

_____   _____
_____   _____
_____   _____
_____   _____
_____   _____

Photos

Guest   40   Special Message

_____

_____

_____

_____

_____

_____

Guest   Special Message

_____

_____

_____

_____

_____

_____

Photos

Guest 40 Special Message

_____ _____
_____ _____
_____ _____
_____ _____
_____ _____
_____ _____

Guest Special Message

_____ _____
_____ _____
_____ _____
_____ _____
_____ _____
_____ _____

Name	Gift	Thank you

Name	Gift	Thank you

Name	Gift	Thank you

Name	Gift	Thank you

My Party Guests

_____

_____

_____

_____

_____

_____

_____

_____

_____

_____

_____

_____

My Party Guests

_____

_____

_____

_____

_____

_____

_____

_____

_____

_____

_____

_____

_____

My Party Guests

_____

_____

_____

_____

_____

_____

_____

_____

_____

_____

_____

My Party Guests

_____

_____

_____

_____

_____

_____

_____

_____

_____

_____

_____

_____

_____

Printed in Great Britain
by Amazon

39823946R00064